Serie LITERATURA · obras

© *El obispo guerrero* · Miguel Galindo Abellán
mg.dramaturgo@gmail.com

© *Prólogo* · Francisco Javier Díez de Revenga

© Diseño de portada, colección y editorial:
Proyecto Ñaque, S.L.

Director de colecciones:
Fernando Bercebal Guerrero

Con la colaboración de

© De esta edición:
ÑAQUE Editora
Camino de los Bonetes, 24
28250 · Torrelodones
ESPAÑA

1ª Edición, 2024

Depósito legal M-9642-2024
ISBN 978-84-10217-01-0

Impreso en:
Gráficas Alto Tajo

El obispo guerrero

Miguel Galindo

A mi maestro y amigo don Francisco Javier Díez de Revenga por un prólogo que, con tanta sabiduría y brillantez, conforma una entrada de oro a la obra.

A la Sociedad General de Autores y Editores (SGAE) por haber valorado y creído en este proyecto que espero, para su orgullo y el mío, obtenga buena acogida entre los lectores y amantes del teatro.

A la editorial Ñaque, y en especial a Fernando Bercebal, por su valentía, entrega y esfuerzo empleados en este trabajo bella y cuidadosamente realizado.

Prólogo

Podrá el lector disfrutar de la lectura amena de las dos obras que reúne Miguel Galindo en este libro, fruto de su destreza literaria y de su capacidad de evocación a través de la palabra de hechos y acontecimientos que fueron fundamentales en nuestra historia, en la historia de nuestra Región y de la ciudad y la huerta de Murcia. Se trata de un romance de ciego y de una comedia escritas con una calidad expresiva admirable y sobre todo con un eficaz dominio de los secretos del romance narrativo y de la comedia histórica. Porque, desde luego, los hechos históricos sobre los que estas dos obras literarias se apoyan evidencian al mismo tiempo la riqueza de la imaginación del autor, que logra que realidad y ficción funcionen una vez más hasta conseguir un producto literario convincente y de calidad.

Miguel Galindo explica detalladamente en sus «Palabras del autor» las circunstancias que provocaron que escribiera este romance de ciego y esta comedia en torno a los sucesos de trascendencia nacional e internacional que tuvieron lugar en la huerta de Murcia, en las proximidades de la ciudad, en septiembre de 1706, con motivo de la célebre batalla del Huerto de la Bombas, fundamental en el desarrollo de la Guerra de Sucesión y del triunfo de la facción borbónica en España y el afianzamiento en el trono del bisnieto de Felipe IV y nieto de Luis XIV, el duque de Anjou y rey de España Felipe V.

El siglo XVIII y la España borbónica, en la que tanto habrían de cambiar las costumbres y la forma de ser de los españoles, se abre en Murcia al mismo tiempo bajo la influencia de un personaje innovador que va a transformar Murcia, sus gentes y sus costumbres: el Cardenal Belluga.

En 1704, vacante la sede episcopal de Cartagena tras la muerte de su titular Francisco Angulo, es elevado a la dignidad de obispo de Cartagena el canónigo de la catedral de Córdoba, natural de Motril, Luis Antonio de Belluga y Moncada, que regiría la diócesis durante un dilatado período finalizado en 1724, año en que voluntariamente renunciaría a su silla episcopal. Atendería así mejor sus deberes de cardenal de la Curia Romana que había ido retrasando desde su elevación a la púrpura cardenalicia en 1719.

Durante el último período de su estancia en Murcia difícilmente el cardenal podía atender la diócesis, porque en más de una ocasión hubo de viajar a Roma para asistir a cónclaves y a otras reuniones propias de su elevado puesto en la corte pontificia. Fue la edad la que le impidió seguir compatibilizando y la renuncia, que jamás deseó, se produjo irremediablemente en 1724.

Los años en que Belluga rigió la diócesis le permitieron llevar a cabo una gran labor asistencial y socioeconómica, sobre todo porque empleó en la mejora de las tierras de la Vega del Segura todo su acierto y bienes. Su lealtad a Felipe V le obligó a desempeñar actividades ajenas a su sagrado ministerio pero decisivas para la historia de Murcia y el desenlace de la Guerra de Sucesión, en la que participó directamente.

Habiendo ocupado las tropas extranjeras partidarias del Archiduque Carlos de Austria toda Cataluña, Valencia, Alicante, incluso Cartagena y Orihuela, Murcia adquiere un valor estratégico insospechado como punto de contención de tan peligrosos avances. Cuando el duque de Berwick sitia Cartagena en 1706, dispuesto a destruirla, el obispo publica un manifiesto y por medio de infiltrados consigue, sin derramamiento de sangre, que Cartagena quede fiel a Felipe V, a partir de lo cual la actividad de Belluga formando milicias y luchando en favor del monarca no cesa hasta que llega a crear un ejército en Murcia de 3.000 hombres.

El nombramiento de Capitán General y Virrey otorgado por Felipe V le confirma como paladín de la causa en la región y como jefe de sus tropas, que, en agosto de 1706, quedan establecidas entre Monteagudo y Santomera ante el temor de una invasión, mientras que organiza una línea defensiva en Lorca, por si los austriacos y sus aliados, que pretendían ganar Andalucía, lograban sobrepasar la primera línea.

Episodio sobresaliente entre los acontecimientos sucedidos en aquel año fue el milagro de la Virgen de las Lágrimas sucedido en casa de un ciudadano del partido de Monteagudo, en Cabezo de Torres, cuando la imagen de la Virgen Dolorosa que veneraba en su propia casa, coincidiendo con la toma y destrucción de Alicante los días 7 y 8 de agosto de 1706 por las tropas austriacas, sudó y derramó copiosas lágrimas, inundando los manteles sobre los que estaba colocada.

Hechas las averiguaciones oportunas, el obispo imprimió un exhorto en el que manifestó: «…declaramos por milagrosas dichas lágrimas, y sudor, y digna de veneración y culto la Sagrada Reliquia de los Manteles, donde corrió el sudor y las lágrimas». Al tiempo que atribuía a la contienda un carácter religioso o sagrado al afirmar que «ya no había de mirar esta guerra tanto por causa justa de defensa de su Rey, y su patria, como por causa suya y de su misma religión».

A primeros de septiembre, un ejército de imperiales de unos 9.000 hombres, llega a la región procedente del reino de Valencia con intenciones de reducir Murcia, levantar Cartagena y pasar a Andalucía, pero el obispo, con el fin de desbaratar las intenciones del enemigo, hace quebrantar los quijeros de las acequias e inundar toda la huerta que queda intransitable. El ejército austriaco avanza a pesar de todo y se interna en un terreno desconocido y hostil, de manera que es fácilmente emboscado en el Huerto de las Bombas, en las proximidades de la ciudad, donde es derrotado y puesto en fuga inmediata hacia Orihuela con pérdida de numerosos efectivos.

Alentados por este triunfo, los murcianos y su obispo siguieron luchando por la causa de Felipe V y acudieron masivamente a la batalla de Almansa (1707), en que la facción del Archiduque fue definitivamente vencida.

A partir de ese momento, Belluga se reintegraría a una vida de paz y beneficencia que dotó a Murcia de instituciones que han llegado hasta nuestros días. Socorrió a los pobres, mejoró la vida de los huertanos y veló por las buenas costumbres y por la moral pública y privada y, como señala Miguel en sus palabras, paradoja e irónicamente, el protagonista de la obra teatral fue decidido detractor del teatro. Pero también creó centros de estudios y colonizó tierras.

Al finalizar la Guerra de Sucesión, la ciudad de Orihuela, agradecida por su actuación militar, donó a Belluga una gran extensión de terreno estéril y pantanoso situado entre la ciudad y el mar, río Segura abajo. Utilizando laboriosos procedimientos de drenaje y desecación consiguió de aquella zona, a la vuelta de diez años, un auténtico vergel donde estableció parroquias y fundó pueblos (San Felipe Neri, San Isidro, Dolores), y consiguió unas riquezas cuyas rentas sirvieron para costear sus fundaciones benéficas y académicas. Cualquiera que pasee por Murcia podrá contemplarlas casi tres siglos después: Seminario de San Fulgencio, Estudios de la Purísima en Murcia y en Lorca, Monasterio de los Jerónimos en Guadalupe, Oratorio de San Felipe, Casa de Maternidad, Asilo de Arrepentidas, Casa de Expósitos de Santa Florentina, Colegio de Infantes de San Leandro y Seminario de Teólogos de San Isidoro.

Sin duda, tras recordar los hechos históricos que constituyen la base de estas dos preciosas obras literarias, el lector podrá reflexionar sobre el clásico y tradicional enfrentamiento entre la realidad y la ficción, que en este caso no lo es tanto sino más bien simbiosis y feliz conciliación de lo que ocurrió con lo que pudo ocurrir. Lo indica el propio autor en sus palabras cuando afirma que es evidente que los hechos históricos no ocurrieron tal como los cuenta la comedia, pero bien es cierto que el plano ficticio ha sido engranado lo mejor posible al plano real para obtener una obra que divierta y enseñe o, al menos, invite a acercarse a lo ocurrido en aquella famosa batalla.

Hallar a don Luis Antonio de Belluga y Moncada convertido en un personaje literario, en «el obispo guerrero», no ha de sorprender dado que si su labor histórica y social fue eminente, también lo es en gran parte el aroma de leyenda que nos lo descubre en su palacio episcopal planeando estrategias militares, reclutando y armando a los huertanos de la zona y aprobando milagros sobrenaturales, para completar años más tarde su labor con obras que beneficiaron a toda una región y sobre todo a la entonces estéril y pantanosa Vega Baja del río Segura. Allí, en su palacio, según la comedia que el lector tiene en sus manos, Roma, la que fue su destino en las dos últimas décadas de su vida, se le aparece en un gesto de indudable eficacia teatral para mostrarle el fluvial camino de la victoria en una guerra que podía haber sido catastrófica para toda nuestra Región. La realidad y la ficción se unen para mostrar una hora de Murcia y de España de trascendencia estelar. El romance y la comedia de Miguel Galindo lo muestran con amena y liberal munificencia.

Francisco Javier Díez de Revenga
Universidad de Murcia

A finales de la primavera de 2019, recibí una llamada telefónica de Javier González Soler, amigo desde hace bastantes años con el que me encontraba a menudo en aquellas tertulias teatrales en las que coincidíamos en torno a Antonio Morales. Tras la muerte de este, aquellas tertulias desaparecieron, como también desapareció la cafetería La Catedral, donde se celebraban a diario. Hacía pues años que no coincidía con Javier, como mucho nos saludábamos brevemente en alguna representación teatral; también le seguía la pista con la lectura de sus críticas en La Opinión de Murcia. En aquella llamada, Javier me preguntó si podía realizar dos trabajos para la fiesta de la Batalla del Huerto de las Bombas que se celebra anualmente en septiembre, cerca del lugar en que se llevó a cabo tal acontecimiento histórico, en la capital de Murcia.

El primero de los trabajos consistía en escribir un romance de ciego que explicara el desarrollo del evento, con el fin de que un actor lo cantara por las calles de Murcia; el segundo, un entremés (así me lo pidió) para representar ese mismo día y sobre el mismo tema. El encargo me pareció apasionante y me puse manos a la obra, pero el tiempo jugaba en nuestra contra: yo necesitaba un proceso de estudio previo que se sumaría al de escritura, por lo que iba a resultar muy difícil entregar un texto a los actores para que lo trabajaran con tan poco margen. De todas formas, el romance se lo hice llegar antes de la canícula; sin embargo, por problemas presupuestarios el proyecto no se llevó a cabo y se aplazó, quizás, para el siguiente año. No me desanimé, antes al contrario, si en ese momento me encontraba listo para acometer la escritura del entremés, más aún si contaba con todo un año por delante. Por tanto, me propuse un reto más complicado: escribir una breve comedia en verso sobre el en-

tonces obispo Belluga. Breve porque Javier me pidió que no so-
brepasara los treinta minutos, en verso porque hacía tiempo que
buscaba escribir teatro en ese formato. Al final, entre los meses
de octubre y noviembre de 2019 compuse El obispo guerrero.

La acción de la comedia transcurre espacialmente en el antiguo
Palacio episcopal, que se situaba justo enfrente del actual (cons-
truido, el de hoy, poco después de sucedida la Batalla del Huerto
de las Bombas). En cuanto al tiempo interno de la obra, la acción
se desarrolla en dos días, 3 y 4 de septiembre de 1706, y por
razones puramente dramáticas he aglutinado en ese estrecho
margen de tiempo hechos que ocurrieron antes, como es el caso
del milagro del llanto de la Virgen de los Dolores. En cuanto a los
personajes, Inés y Ginesillo, que representan la acción amorosa
de la comedia, son personajes ficticios; mientras que Belluga y
Arias Ozores, que configuran la acción principal, pertenecen a
la realidad histórica. El juego de las acciones paralelas le aporta
a la obra bastante frescura y distensión. Por otra parte, la aparición de Roma en el sueño del obispo, conecta con toda una
tradición literaria y teatral: la aparición del fatum, de un elemento
mágico, onírico, que predice el futuro del personaje y que lo re-
afirma en su motivación principal de abortar la invasión con los
escasos medios que tendrá a su alcance.

Es evidente que los hechos no ocurrieron así, tal como cuenta la
comedia, pero bien es cierto que el plano ficticio ha sido engranado lo mejor posible al plano real para obtener una obra que
divierta y enseñe o, al menos, invite a acercarse a lo ocurrido en
aquella famosa batalla.

La obra está compuesta por 804 versos, en distintos metros,
entre los que destacan la redondilla y el romance, pero que in-
tegra otras formas estróficas como el soneto, la lira, etc. Esta
polimetría facilita la fluidez de los diálogos, adaptándolos a los

acontecimientos tal como nos enseñó el Arte nuevo de hacer comedias. Por otra parte, en numerosos casos y por razones de medida, algunos diptongos han de pronunciarse como hiatos; pero, por no recargar el texto he decidido dejarlos con su grafía original, en lugar de añadirles la diéresis correspondiente.

El Romance del Huerto de las Bombas, que recita el ciego al concluir la obra dramática, formado por 338 versos, está escrito, lógicamente, en romance, con rima asonante en los versos pares y suelta en los impares. Es más realista, se ciñe más a la historia y resulta más didáctico, aunque he tratado de darle cierto aire de leyenda y de cronicón, en comparación con las características de la comedia, que tiene una factura puramente aurisecular, nada anodino teniendo en cuenta que literariamente el siglo dieciocho (y más aún en sus inicios) continuó produciendo textos que no se despojaban de la influencia del siglo anterior; y si no pregúntenle a Diego de Torres Villarroel, por poner un claro ejemplo.

Confío, en fin, que ambas producciones gocen de su agrado y, si es posible y los hados acompañan, puedan disfrutarlas durante los dichos fastos en torno a la Batalla del Huerto de las Bombas.

No quiero concluir esta breve introducción sin ofrecerles esta curiosa paradoja: una vez terminada la comedia de El obispo guerrero, y más aún en el momento en el que usted la lea, se convierte en personaje teatral Luis Belluga, quien fue un claro detractor del teatro de su época.

A mi hermana.

BREVE COMEDIA FAMOSA DE

EL OBISPO GUERRERO

Miguel Galindo Abellán

PERSONAS QUE HABLAN EN ELLA

LUIS BELLUGA Y MONCADA, Obispo, Virrey
y Capitán de los ejércitos de Murcia y Valencia.

INÉS, su sobrina.

FERNANDO ARIAS OZORES, brigadier.

GINESILLO, criado.

ROMA.

PALACIO EPISCOPAL. ENTRAN DON LUIS
BELLUGA Y SU SOBRINA INÉS, DE TRABAJO.

BELLUGA   ¡Ay, mi sobrina querida,
mi vejez ve en ti su abril,
que gustosa en ese ardil
nadie como tú me cuida!

INÉS   Ha un año que de Motril   5
hasta esta Murcia florida
me trajiste a darme vida
mejor con este mandil.
Servirte, tío, no es vil
y en ocasión repetida   10
volvería convencida
no una vez sino diez mil.

BELLUGA   Pero el enemigo hostil,
con su intención magnicida,
mi afán de verte lucida   15
apagó como a un candil.
¿Hasme por fin encontrado
aquel mapa de la huerta?

INÉS   En la sala de esa puerta
en su mesa he desplegado.   20

BELLUGA   Entro. Dale luego al criado
de don Fernando el recado
de que comprenda mi alerta,
que necesito que advierta
que venga bien informado.   25

INÉS   Ginesillo está avisado.

VASE. INÉS DE RODILLAS CON CUBO Y TRAPO FRIEGA EL SUELO.

INÉS

No te turbe, noble tío,
ver de cerca los pendones,
ni te distraigan los sones
del Carlos de Habsburgo impío.   30
Tú eres Belluga, y frío
sabrás desatar cordones
que a Murcia le aten dragones
para entronar a un porfío.
Grito tu espíritu altruista,   35
grito tu guerrero ardor
por que me oiga el austracista.
Y con gritos su alma crispo,
que sepan que no hay mejor
capitán, virrey y obispo.   40

ENTRA GINESILLO, CRIADO.

GINESILLO   ¿Da su vuecencia permiso?

INÉS   ¿Por qué me tratas de altura,
Ginesillo, acaso ves
sobre mí corona alguna?
Las piedras que a mí me adornan   45
cardenales son si apuras,
que a fuerza de fregar suelos
son estas rodillas duras.
Noble este suelo rebelde

que ilustre lustre no lustra,   50
que años dejaron sellados
las huellas de tanta alcurnia.

GINESILLO   Échale limón al agua,
que en esta huerta es la fruta
sagrada que da la tierra   55
y que para todo se usa,
que en árboles buenos crece
y que hasta resfriados cura.

INÉS   Así haré. ¿Por algún huerto
si vas, Ginés, me procuras   60
unos cuantos bien hermosos?

GINESILLO   ¿Acaso, mi bien, lo dudas?
Fía en ellos que el limón
que tira un amante es una
declaración de su amor.

INÉS   Ya volviste con la chufla.   65
Bastante estaba tratarme
como reina de la chufa
y colocarme coronas
mientras el suelo me aguja.

GINESILLO   Pues no hacen falta coronas   70
ni joyas ni añadiduras
que adornen esa belleza
ni eclipsen tu galanura.

INÉS   Gallardo vienes, Ginés.

GINESILLO	¿Cuando eres tú quien me busca recibo solo desdenes?	75
INÉS	Mi tío pide premura en que tu señor, Fernando, ante su presencia acuda.	
GINESILLO	Muy presto viene hacia acá, que sus órdenes son puras fustas para mi señor. Ordenando está a los curas que aseguren las iglesias con vigas y cerraduras, sea que los hugonotes que lleva el Habsburgo acudan con intención de quemarlas.	80 85
INÉS	Voy, que la espera es cartuja y produce pensamientos vanos que a cualquiera ofusca.	 90
GINESILLO	Sea, bella dama.	
INÉS	Dale tus requiebros a la luna.	

VASE.

GINESILLO	Con ejércitos Borbones al frente yo me llegara, pues por tu talle y tu cara tus deseos son blasones. Y en el frente, sin cañones,	 95

y con los Austrias de cara,
a limonazos luchara   100
por traerte esos limones.

*VASE. ENTRAN EL OBISPO BELLUGA, CON UN
PLANO, Y SU SOBRINA INÉS.*

BELLUGA   Como te digo, deudores
deseos mi entendimiento
de dar a tu estado aumento
me obligan en tus favores   105
con Fernando Arias Ozores
concertar tu casamiento,
que es galán, valiente, atento
y entre nobles no hay mejores.
No se te vengan temores   110
ante este bien que te intento
pues te ofrece buen sustento.
Mas, ¿qué te ocurre? No llores.
Esos callados dolores,
inclinan mi pensamiento   115
a creer que Ginés...

INÉS   Siento,
tío, vanos tus temores.

BELLUGA   No negarás que hay furores
en sus prendas, que cien cuento
tras tu llegada. Presiento   120
que Ginés te tiene amores:
tus gestos son delatores
cuando te miro y comento,

que cada vez que lo miento
se te suben las colores.   125
Un día te trae flores,
otro día algún pimiento,
otro te trae un sarmiento
con uvas y coliflores...

INÉS   Amores que dan verdores   130
que amores sean disiento;
son, si el verdor va en aumento,
de mercados, vendedores.

BELLUGA   Cuando acaben los horrores
de esta guerra, seré atento   135
en darte el conocimiento
de que el consejo no ignores.

ENTRA DON FERNANDO ARIAS, DE UNIFORME.

FERNANDO   Capitán, con permiso.

BELLUGA   Adelante, brigadier, en buenhora.

FERNANDO   Disculparme es preciso,   140
pues la alianza traidora
avanza con firmeza abrumadora.
Gusto me dais, Inés,
de veros como siempre tan lozana;
os beso atento los pies   145

INÉS   Mejor venza la gana   ,
que andan sucios desde hace una semana.

VASE INÉS.

FERNANDO   Su sobrina anda esquiva.

BELLUGA   Yo sabré resolver
lo que su naturaleza no exhiba,   150
que el amor en mujer
consiste en ocultar y no en el ver.
Brigadier, sus noticias
del frente como lluvia ando esperando,
que sé que las milicias,   155
con su pericia al mando,
son cortas pero bien las va situando.
Ocupad esta silla.

FERNANDO   Nuevas traigo que no le han de gustar,
pues nuestra avanzadilla   160
confirma en mi pesar
lo que ahora mismo paso a contar:
El ejército aliado
desde Alicante se acerca.
Con la intención de invadirnos   165
por Monteagudo se entra.
Es un ejército enorme,
con seis mil soldados cuenta,
con cañones bien cebados
y caballería experta   170
que nos plantará batalla
antes del alba. Alerta
he dado a nuestros soldados
de que ninguno se duerma
y mantengan vigiladas   175

las entradas y las puertas
de la muralla y que recen
todo lo que mejor sepan.

Y aun siendo nosotros menos,
contando con la inexperta   180
fuerza de los labradores
y huertanos, con la cierta
ayuda que el cielo asiste
y Dios mandará dispuesta
todo sabremos hacer,   185
que el honor no admite afrenta.

BELLUGA   Don Fernando, un panorama
nada favorable observa,
pero atiéndame un momento.
No he dejado una hora muerta   190
estudiando en estos planos
la solución a esta treta.

FERNANDO   Ya deseo, capitán,
sus observaciones verlas,
que es preclaro su juicio   195
y mi confianza es plena.

BELLUGA   Observe en este costado
del mapa, por donde intenta
aproximarse aquella horda
de Habsburgo, que es plena huerta   200
y tendrá que atravesar
bancales de talla inmensa
casi todos dando frutos,

atiborrados de berzas,
de lechugas, de tomates   205
y de frutales sin merma,
de cultivos bien criados
de granadas casi abiertas
a punto de recogerse
para cuando el hambre aprieta.   210
He pensado que tirando
los árboles habrá puesta
una barrera difícil
que traspasen con sus piernas
los soldados y caballos   215
y ni los cañones. Esta
creo una buena medida
que podrá servir de apuesta
y nos deje resistir
en este juego de guerra.   220

FERNANDO   Así se hará y será nuestra
la borbónica victoria
contra la alianza infecta.
Parto presto a preparar
los soldados, que esta gesta   225
será digna recordar.

BELLUGA   Dios nos proteja en la incierta
guerra contra los Habsburgo.
Dadme noticias bien frescas
con su criado Ginés.   230
Sea lo que el cielo quiera.

VASE DON FERNANDO. PRENDE BELLUGA UN
CANDIL Y QUEDA DORMIDO MIENTRAS REPASA
EL MAPA. APARECE ROMA, DE BLANCA TOGA,
ENTRE SUS SUEÑOS.

BELLUGA   ¿Qué causa este resplandor?
¿Mi Virgen será quien llena
de blanca luz esta sala
que estaba envuelta en tinieblas?   235

ROMA   Soy Roma, bastión del mundo
y de la Iglesia cabeza.

BELLUGA   Pues, ¿qué me quieres?

ROMA   Dejarte
el alma muy bien dispuesta
para que estés preparado,   240
puesto que en Roma te esperan
un anillo, una gran capa,
una mitra, una miceta,
todo con rigor labrado
de escarlata en buena seda,   245
para ordenar cardenal
al Belluga y que se exceda
su fama y su bien al mundo,
que desde Murcia se observa.
Y aunque no gustes de ser   250
elevado, aquesta ofrenda
has de tomar pues es Dios
quien conmigo quiere hacerla.
Recibe antes su perdón

por lo que tu pluma aviesa   255
escribirá contra papas,
que es más lo que el mundo espera
del Obispo Luis Belluga
y Moncada por más señas.

Pero antes has de poder   260
que Felipe Quinto acceda
a su trono, que es Borbón
y es bien que al Habsburgo venza,
amparado de tu genio,
tu valentía y tu fuerza.   265
Ten muy en cuenta para esto
que el agua que el río vuelca
a estos fértiles cultivos
te dará victoria eterna.

BELLUGA   Pero, espera, bella dama.   270
¿Con agua cómo es vencerla
la fuerza de una legión?
Un momento.
            CÚBRESE ROMA.
                        ¡Roma, espera!
¡Vive el cielo que esta lucha
ni los sueños me respeta!   275
Mas si es sueño, un sueño es,
y que si lo es, no es problema
seguirlo, que no hago mal
en perseguir sueños… Sea,
que aunque no agrada a mi gusto   280

la púrpura vestimenta,
la llevaré con honores
por guardarle la obediencia.

SUENAN GOLPES EN LA PUERTA.

BELLUGA ¿Qué tumulto el sueño trajo?
¿Quién golpea con trabajo   285
a estas horas de la noche?

SALE INÉS CON UN CANDIL.

INÉS Como más fuerza derroche
va a tirar la puerta abajo.
No te levantes, que yo abro,
que si es broma descalabro   290
la cabeza de quien sea
con el candil porque vea
mejor que con candelabro.

*ENTRAN GINÉS, CON UNA SAQUILLA EN UNA
MANO, Y DON FERNANDO, AYUDADO POR
GINÉS.*

BELLUGA ¿Brigadier, con esa prisa
y apoyado de esa guisa   295
se viene? ¿Tan grave cosa
ha ocurrido?

FERNANDO   Es espantosa
y bien merece una misa.

BELLUGA Arrima un banco, Inesilla.
Trae luego una cuartilla   300
de vino que recupere

el aliento y si más quiere
no tiene más que pedilla.

*VASE INÉS TRAS SENTARSE DON FERNANDO
Y VUELVA DESPUÉS CON EL VINO.*

FERNANDO Colóquese junto a mí,
que esta noche lo que vi   305
fue tal suceso en el frente
que es urgente que le cuente,
pues no sé si lo viví.

GINESILLO ¡Pues por la sangre de Cristo
juro que también lo he visto!   310

BELLUGA No jures que así, blasfemo,
a tu testimonio temo
vaya en verdad desprovisto.
Cuénteme en fin, don Fernando,
todo lo que está pasando.   315

FERNANDO Muy bien contarle quisiera
las cosas que anoche viera
que mi alma está atormentando.
Tras dejar bien situados
barricadas y soldados,   320
avanzamos a Alicante
para salirles delante
a las huestes de aliados.
Marchábamos sigilosos
con trapos en los hermosos   325
cascos de nuestros caballos

y de golpe, como rayos,
nos cayeron cual colosos
sus avanzados veloces,
que al vernos dieron mil voces,   330
viendo así cuál se aproxima
todo un ejército encima
con sus mosquetes feroces.
Picamos cabalgadura,
huyendo por la espesura   335
de la huerta y en lo oscuro
de una zanja, conjeturo,
mi caballo la herradura
perdió, y yo di en el suelo,
donde me vi sin consuelo   340
que me viniera la muerte,
aunque fue que por mi suerte
Ginés llegara del cielo.
Me cabalgó en su rocín
dando a mi peligro fin   345
y, salvándome la vida,
completamos nuestra huida,
mudando en mi serafín.
Por recuperarnos fuimos
a los terrenos que vimos   350
aledaños a la casa
de Francisco López; dimos
orden de hacer campamento
y estando así el truculento
grito de alguna criada   355

sonó en la casa y la espada
sacamos y fuimos dentro.
Y al llegar en este punto
he de decir que el asunto
ni un ápice se separa   360
de la verdad, pues lo ampara
que lo vimos en conjunto.

BELLUGA   Tómese un alto y el vino
acábese y que el camino
del fin su relato tome,   365
que antes de que el sol asome
tendremos aquí al austrino.

FERNANDO   Bien. Dentro dije que entramos
y arrodillada encontramos
la criada temblorosa   370
que rezaba ante una hermosa
figura. Gritos ahogamos
al comprobar sus rigores
pues los ojos amadores
de la imagen derramaban   375
las lágrimas que abonaban
ser Virgen de los Dolores.

BELLUGA   Aunque un milagro parece,
guardar prudencia merece,
que el pueblo supersticioso   380
juzga todo milagroso
si de lógica carece.

Vamos en mi carro presto
y dejemos bien dispuesto
nuestro ejército, no cedan   385
sus fuerzas sin que antes puedan
saber si hay milagro en esto.

*VANSE BELLUGA Y DON FERNANDO, APOYADO
EN ÉL.*

GINESILLO   Dentro de la saquilla esta
traigo tus limones buenos.

INÉS   Creí que llevabas truenos   390
para celebrar tu gesta.
¿Que a don Fernando salvaste
en medio de la batalla?

GINESILLO   ¿Te cuesta creerlo?

INÉS   Vaya.

GINESILLO   Al oírlo me miraste.   395

INÉS   Por no saberte valiente,
decidido y arrojado,
pues más preocupa a un criado
que un señor comer caliente.

GINESILLO   Tengo donde hincar el diente,   400
por eso buen campeador
por el bien de mi señor
seré, aun siendo sirviente.

INÉS   Pues como néctar de vid
no te suba a la cabeza,   405

que aunque es digna tu proeza
no hagas pares con el Cid.

GINESILLO   ¿Y no es verdad que una dama
ante un galán aguerrido
bien considera vencido   410
su corazón por quien ama?

INÉS   Con lo que te he de decir
te bajará cualquier humo.

GINESILLO   Que has de matarme presumo,
que ese gesto es de sufrir.   415

INÉS   Quiere concertar mi tío
mi boda con tu señor.

GINESILLO   Me has matado. ¡Ah, traidor
destino del amor mío!
¿Cómo ansí?

INÉS   No lo he elegido,   420
puesto que me ha sido impuesto.

GINESILLO   Dime si ese amor funesto
es por ti correspondido.

INÉS   Pues no, que es tu señor viejo,
aunque galán, noble y rico,   425
y por eso no claudico
ante amor tan desparejo.

GINESILLO   En eso no haya rivales,
que en cuestiones del amor

	nada concierta peor	430
	que amores tan desiguales.	
	Aunque yo no podré darte	
	ni títulos ni nobleza.	
INÉS	Trae siempre algo que cueza	
	y es suficiente estandarte.	435
GINESILLO	Entonces, ¿quiéresme bien?	
INÉS	Pues ¿cómo no he de quererte,	
	aunque zote, si es al verte	
	mi corazón tu rehén?	
GINESILLO	¿Me ofreces tu mano, pues?	440
INÉS	Tómala, y tus promesas	
	sean sello si la besas,	
	que lo firmarás después,	
	pues mira que has de gozar	
	lo que va tras de la mano,	445
	que como jures en vano	
	ella te ha de destrozar.	
GINESILLO	No sigas, mi centinela,	
	que esta palabra de esposo	
	será robusta cual oso,	450
	aunque a mi señor le duela.	
INÉS	Confírmalo en mi aposento.	
GINESILLO	En el altar lo diría.	
INÉS	Yo en el infierno lo oiría	
	aunque fuera a fuego lento.	455

GINESILLO   Vamos, que aunque traicione
a don Fernando, defiendo
que un amor que llega ardiendo
no hay frío juez que sancione.

*VANSE. ENTRA LUIS BELLUGA CON UNA CAJA
EN LAS MANOS.*

BELLUGA   De tu imagen que un llanto tan glorioso   460
nos regales en tal justo momento,
¿no es señal de tu amparo milagroso?
¿No es verdad que haya sido tu lamento
la señal con que a Dios dulce agradeces
que a estas tropas proteja con su aliento?   465
Un lugar más solemne te mereces
que mueva al pecador recogimiento,
pues la paz y a los hombres enalteces.
Y en virtud por tu luz ha de entregarte
la excelsa catedral una capilla   470
que de amor custodiada ha de esperarte,
donde luzcan exvotos a tus preces,
donde postre su fe toda Castilla.

PAUSA.

¡Inés! ¡Inesica! ¡Llega!
¿Quizás no haya nadie aquí?   475

ENTRA INÉS.

INÉS   Tío, ¿tan pronto de vuelta?
Aquí tienes tu sobrina.

BELLUGA   A Ginés quiero que veas,
que ha de llevar esta imagen

| | a una capilla dispuesta | 480 |
| | que estará en la catedral. |

INÉS   Ginés está…

ENTRA GINESILLO RECOMPONIÉNDOSE EL TIPO.

GINESILLO   La cama hecha
está que habré de marcharme…

BELLUGA   ¡Ginés!

GINESILLO   (*APARTE.*) ¡Me trague la tierra!
Aquí me tiene, excelencia.   485

BELLUGA   ¿De la alcoba de Inés llegas
con los faldones revueltos?
¿Podrás tener más vergüenza?

GINESILLO   Don Luis…

BELLUGA   ¿No irás a decir
cualquier cosa que pretenda   490
explicar tanta evidencia?

GINESILLO   Yo…

INÉS   Buena razón le pesa,
tío, que estaba Ginés
arreglando…

BELLUGA   ¡Calla, necia!
Que ante una excusa sin fuste   495
mejor el silencio emplea.
A fe que he de castigar,

aunque el castigo me duela,
la traición que en vuestro gesto
a tres personas afecta: 500
a don Fernando el primero,
a mí, que impulsé esa empresa,
y a ti misma, por supuesto,
que peor parte te llevas.

INÉS   Déjame hablar, tío amado.   505

BELLUGA   Háblame y seme sincera,
que en el disgusto tenía
esta terrible sospecha.

INÉS   Sabes, tío, a don Fernando
nunca he querido aunque sea   510
el más admirado noble,
que yo a quien amé siempre era
a Ginés, desde el momento
en que por la vez primera
nos vimos cuando llegamos   515
a esta cuna de la seda.
Y mi amor por él es tal,
aunque en tu contra se venga,
que por él bebo los vientos.

BELLUGA   Los mismos vientos te llevan   520
a traicionar a tu tío
y dejar la vida plena,
bien regalada y colmada
de lo que muchas quisieran.

	Y tú Ginés, tan callado	525
	te has quedado como en siembra	
	espantapájaros vil	
	que solo mira y espera.	
GINESILLO	Su Reverencia me impone.	
BELLUGA	Más por lo que has hecho tiembla.	530
GINESILLO	Las razones de su Inés	
	en mi boca quedan puestas,	
	pues le tengo amores llanos	
	y por ella daré muestras	
	de hacerla feliz aun siendo	535
	un pobre de pura cepa.	
BELLUGA	Más te vale, que has gozado	
	de una joya su pureza,	
	deshonrando mi apellido	
	sin que te importe la afrenta.	540
	Suerte tenéis que es momento	
	tan delicado en la guerra	
	que lo que el corazón manda	
	no ejecute mi cabeza.	
INÉS	Comprendo tu pesadumbre,	545
	pero no..	
BELLUGA	Deja.	
GINESILLO	Respeta	
	este siervo sus deseos.	
BELLUGA	Inés, esta imagen deja	
	en capilla donde tiene	

san Andrés una alacena,   550
y que al colocarla lleguen
bien delante de las rejas
a detenerse los fieles
que en la catedral pasean,
por que la recen y adornen   555
con flores y muchas velas.
Y deja dicho a los priores,
que en ese oficio se emplean,
que desde hoy la custodien,
la limpien y la protejan,   560
que ha llorado por nosotros,
y es menester que lo sepan
todas las gentes de Murcia
para que vayan a verla.

INÉS   Haré tal como me pides   565
y pronto estaré de vuelta.

VASE INÉS.

BELLUGA   En cuanto a ti Ginesillo,
coge esa silla y te sientas
que quiero de ti otra cosa.

GINESILLO   (*APARTE.*) Por Dios que no salgo de esta,   570
que quien honra mi trasero
cortar quiere mi cabeza.

BELLUGA   Coge recado y escribe.

GINESILLO   No sé escribir.

BELLUGA   Pues retenga
tu memoria lo que digo,   575
que don Fernando te espera.
Dile que contigo informe
de los hechos que sucedan
en el frente y también dile
que escribiré a quienes puedan   580
ofrecernos sus refuerzos,
que resistir es ya fuerza.
Nada olvides de lo dicho.
Vamos, vete, que hoy tu estrella
te ha librado de un castigo   585
que cumpliré si te quedas.

GINESILLO   Ya me voy, que mi rocín
está preparado fuera
para lo que usted me mande
desde que empezó la guerra.   590
¿Algo más?

BELLUGA   No.

GINESILLO   Excelencia.

VASE GINESILLO.

BELLUGA   Murcia, que me acogiste
y tu lealtad me demuestras,
no he de permitir jamás
que te humillen ni te venzan.   595
Murcia, la que del décimo
Alfonso fuiste la perla

y a su corazón cabida
en urna de plata dieras,
no temas, que por mi sueño   600
y por tu amor llevo fuerzas
para pagar con mi vida
todo lo que tú me prestas.

ENTRE INÉS.

INÉS   Ya la imagen ha quedado
como quieres colocada.   605
Y puede ser visitada
en ese altar delicado.

BELLUGA   Gracias, Inés, da regreso
a tus quehaceres.

INÉS   Temía
que estuvieras todavía   610
triste y de tu enfado preso.

BELLUGA   Bastante sabes la causa
de mi decepción en ello,
que si a Ginés no degüello
es por tu amor. Demos pausa   615
a tu infantil rebeldía,
y no remuevas mi alma
que cuando estemos en calma
podremos hablar un día.

INÉS   Mejor será como dices,   620
que todo amor verdadero

entra en un atolladero
antes de comer perdices.

*VASE INÉS Y SALGA CON EL CUBO Y EL TRAPO
DE FREGAR Y UN LIMÓN, CUANDO ENTRA
GINESILLO.*

BELLUGA   Ginés, ¿qué ocurre?

GINESILLO   Licencia
del frente. Traigo misiva   625
de mi señor con la viva
voluntad de darle urgencia.

BELLUGA   Dame y aguarda.

GINESILLO   (*A INÉS.*)   Ya veo
que seguirás el consejo
que te di.

INÉS   En el reflejo   630
del suelo sabré si creo.

BELLUGA   Leo:

«Mi capitán: las tropas de los Austrias avanzan
hacia Espinardo sin encontrar obstáculos. Los
árboles que derribamos los retienen escasamente
y las acequias, a pesar de la artillería pesada que
portan, las rebasan sin dificultad, pues que sus
ingenieros llevan puentes de madera que colocan
y por los que avanzan cómodamente.

He pertrechado a nuestros hombres en la finca y
residencia de Fontes y los huertanos permanecen
apostados en sus ventanas y tras árboles y muros,
a la espera del terrible enfrentamiento. Ruego a
V.E. sepa enviar instrucciones que nos ayuden en

este difícil trance que se nos aproxima e interceda
por nos ante Dios con sus oraciones.
Su brigadier, Fernando de Arias Ozores.»

GINESILLO Yo leo las malas nuevas
en que al acabar, señor,
le ha cambiado la color.

BELLUGA Ginés, de aquí no te muevas.   635
Que he de darte la respuesta
que esperará don Fernando
y el tiempo se va acabando,
así que debe ser presta.

INÉS Pues aunque hagáis lo que os guste   640
mejor si no entorpecéis,
que cuando en friega me veis
bien parece que os disguste.

BELLUGA No tardo en darle esta nota
a Ginés, un poco espera...   645
(*APARTE.*) aunque yo qué más quisiera
si la solución no brota.

INÉS (*A GINÉS.*) Hazte a un lado mientras tanto
que he de seguir mi tarea.

GINESILLO Yo me pondré donde sea   650
por no causarte quebranto.

GINÉS TROPIEZA CON EL CUBO Y LO VUELCA.

INÉS ¡Qué me has hecho, desdichado!
Con tu torpeza de necio

el suelo me has inundado.
Ahora no podrás salir,   655
mentecato, hazte a un lado,
que te lo habré de impedir
aunque te deje baldado.

BELLUGA ¿Cómo has dicho, Inés? ¡Repite!

INÉS Mentecato, hazte a un lado.   670

BELLUGA Antes de decir que quite.

INÉS Que el suelo me ha inundado
y no le dejo salir.

BELLUGA ¡Con la solución has dado!
¡Ahora sentido toma   675
mi sueño y la predicción
que del agua me hizo Roma!

ESCRIBE CON GRANDE APREMIO.

INÉS ¿He dicho una aberración...?

BELLUGA Calla, Inés, que en ese cubo
veo el fin de la invasión.   680
Ginés, este pliego toma,
que acabo con firma y sello
y escúchame bien, que en ello
la victoria nuestra asoma.

GINESILLO Siempre me tiene en su mano.   685

BELLUGA Busca presto al acequiero
y asegura con esmero

que no quede ni un huertano
del norte de la ciudad
que no se someta a esta orden: 690
que se abran y se desborden
las acequias. Esto instad.

GINESILLO   Lo cumpliré sin tardar.

BELLUGA   Si avanzan tan bien por tierra,
que a nuestro ejército aterra,   695
les construiremos un mar.

INÉS   Cuídate.

GINESILLO   Por ti lo haré.

VASE GINÉS.

BELLUGA   Excúsame, Inés, ahora,
que hasta tener nueva hora
por las tropas rezaré.   700
Que este cuatro de septiembre
quedará para la historia
y le dará a su memoria
la hazaña que el pueblo siembre.

INÉS   Yo en arreglar esto sigo,   705
que si el tropiezo misión
no le entrega en su visión,
Ginés no se va sin su higo.

*SIÉNTASE BELLUGA EN ACTITUD ORANTE
MIENTRAS INÉS TERMINA DE SECAR EL
SUELO.*

CONFORME CAE LA TARDE COMIENZAN A ESCUCHARSE CAÑONAZOS POR TODAS PARTES, CADA VEZ MÁS TERRIBLES Y CERCANOS.

CESA EL ESTRUENDO. PAUSA. ENTRA DON FERNANDO, COJEANDO Y APOYADO EN GINESILLO.

FERNANDO ¡Abrace, capitán, al victorioso
ejército borbónico.

BELLUGA ¿Tal dice? 710
Si es cierto tal suceso milagroso,
brigadier, con mi abrazo le eternice.

GINESILLO Tan cierto que de allí vengo cantando
los hechos que han gestado sus valientes.

TAÑAN CAMPANAS.

BELLUGA Las campanas la catedral tocando 715
confirman la proeza de sus gentes.
Viva el cielo que oyó mis oraciones
y ha entregado su fuerza a los soldados.
Saca el vino, Inés, y mil raciones
de embutidos y pan aderezados. 720

INÉS Antes, tío, permíteme un abrazo
a Ginés, que de primavera henchido
llevo el pecho.

BELLUGA Concedo. No atenazo
tu alegría, es bien servido.
Pero aparta, que quiero yo abrazarle, 725
que su parte ha aportado a tal evento.

INÉS	Saco presto las viandas con que darle las ofrendas a Dios.
GINESILLO	Qué tal momento.

VASE INÉS Y VUELVA DESPUÉS CON COMIDA
Y BEBIDA.

BELLUGA	Don Fernando, dé cuenta a nuestro oído del relato del campo de batalla.	730

FERNANDO Sí, que temo si a hablar mi boca impido,
que de tanto aguantarse mi alma estalla.
Las tropas austracistas retirada
tocaron tras sus muchos cañonazos
desde lejos, al verse sin entrada,   735
sintiendo por doquier nuestros balazos.
Resultó contundente su maniobra
de que el agua inundara los bancales
y en respuesta la muerte allí les cobra
muchas bajas por culpa de sus males.   740
Se hundían los caballos y cañones,
el miedo se sentía a cada paso
que daban, pues el agua a borbotones
los tragaba intuyendo su fracaso.
El fuego a discreción de nuestra gente   745
desde el huerto de Fontes y las casas
les llovía como la lava ardiente
de un Vesubio que vivo no traspasas.
Y tras mucho reñir sin dar zancada
y viendo cuál caían sus soldados   750

decidieron batirse en retirada
con la frente caída y fatigados.
Vitorearon los nuestros la victoria
cuando vieron marcharse aquellas trombas,
y al lugar, celebrando su memoria,   755
bautizaron por Huerto de las bombas.

BELLUGA   Los murcianos por tanta dicha hermosa
de esta guerra cruel tendrán motivo
que este día, que es dado a Santa Rosa
de Viterbo, celebren por festivo.   760

INÉS   ¡Pues ha llegado el momento
de que por todos brindemos,
que es preciso celebrar
que ha sido ahogado ese miedo!

*SE ESCUCHA ALBOROZO A TRAVÉS DE LAS
VENTANAS.*

GINESILLO   A la plaza que algún día   765
llevará su nombre excelso
están acudiendo gentes
con ganas de hacer festejo,
con instrumentos y bailes
cantando con gran estruendo.   770

FERNANDO   Ya puestos a celebrar
y ya que noticias tengo
del amor de Ginesillo
a su sobrina, en precio
pido que me dé licencia   775

para casarlos, y en esto
para su dicha y su casa
con mil ducados los rento.

BELLUGA Quien a su señor le salva
la vida es justo ese premio,   780
y a un tiempo agradando a Inés
la licencia le concedo.
Que las bodas se celebren
a ser posible bien presto,
que Roma me está esperando   785
y a los dos allí me llevo,
y aunque del viaje no gusto,
que por mí yo aquí me quedo,
a Murcia llevaré en mi alma
y en el corazón muy dentro.   790

INÉS (*A GINESILLO.*) Luego solo a mí te debes
salva mi vida de celos
y no me tires limones
que ya jamones prefiero.

FERNANDO ¡Viva el nuevo cardenal!   795
¡Por su bravura brindemos!
¡Y viva Felipe Quinto,
que retomará su cetro!

GINESILLO Y damos fin a esta historia.
Aplaudan fuerte al elenco,   800
que aquí acaba la comedia
que por su gracia y talento

tiene fama y cuyo nombre
es El obispo guerrero.

SALGAN MÚSICOS Y TODOS BAILEN.

*SE FORMA EN EL CENTRO DE LA PLAZA UN
REVUELO ALREDEDOR DE UN CIEGO AL QUE
ACOMPAÑAN UN SUCIO Y DESCALZO NIÑO Y
UN PERRO. EL CIEGO, CON RECIA VOZ, RECITA
EL ROMANCE DEL HUERTO DE LAS BOMBAS
ANTE EL JÚBILO DE POPULACHO.*

Atiendan todos y escuchen
mujeres, infantes y hombres,
comerciantes, artesanos,
agricultores y pobres,
militares y poetas,   5
eclesiásticos, señores.
Atiendan todos y escuchen
lo ocurrido aquel entonces:
esta verdadera historia
que os relataré en el nombre   10
deste Reino, que valiente,
se enfrentó con clase y porte
a un ejército aliado
que lo sitió día y noche.

Acabado el diecisiete,   15
Siglo de Oro y mil honores,
llegó la muerte del rey,
último de Austrias menores.
El rey Carlos, señor nuestro,
el Segundo en sobrenombre,   20
abandonó aqueste mundo
sin descendencia ni prole.

La corona, nuestra España,
cuyo sol la baña en ocre,
por hazañas envidiada   25
y por su extensión enorme,
quedaba así sin un rey,
sin un heredero con que
conducir su poderío
y enarbolar sus pendones.   30
Su linaje se acababa,
su estirpe moría, y torpe,
antes de cerrar el ojo
firmó testamento sobre
ceder su reino a Felipe,   35
Felipe de Anjou, resorte
descendiente del rey franco,
y nieto de Luis catorce.
Francia se frotó las manos,
viendo en rigor las opciones   40
de aumentar su poderío
y ensanchar sus horizontes.
Pero pretendientes tuvo
el reino de España: un bloque
defendió que el archiduque   45
Carlos de Habsburgo, gran noble,
condujera los destinos
de nuestro país a flote,
para lo que las inglesas
y holandesas cohortes   50

se sumaron con austriacos
y portugueses feroces
de ostentar glorioso el trono
en contra de los Borbones.
Los franceses, siempre astutos,　　　55
por intereses mayores
apoyaron a Felipe,
que el Quinto llevó en cognombre,
formando así el otro bando
contra el aliado azote.　　　60
¡Cuánta sangre derramada!
¡Cuántos muertos!, ¡qué cañones
no dejaban de anunciar
incesantes los tambores
en el solar de esta patria　　　65
por infames acreedores!
España, casi tomada
por austracistas felones,
ardía en luchas y guerras,
cayeron murallas, torres,　　　70
aniquilando a su paso
a quien llamaban bribones.
Partieron de Cataluña
y hasta Madrid, llevadores
del mensaje que anunciaba　　　75
que España ya era conforme
con Carlos el archiduque,
firmado con sangre el sobre.

Llegaron hasta Alicante
y en desembarco, invasores   80
rindieron a Cartagena
y sumaron desertores.
¡Qué cerca está el enemigo!
¡Qué inminentes saqueadores
acechan la capital   85
de estos justos luchadores!
Pero Francia, entrada en crisis
por guerras y por mediocre
y gastada economía
hizo al rey Luis, con temores,   90
acceder al humillante
abandono de la Corte
 y del apoyo a su nieto,
quien lloró por los rincones
del Alcázar de Madrid,   95
de impotencia a borbotones.
En la Seo de Zaragoza
con ínfulas, triunfadores
proclamaron rey a Habsburgo,
Carlos tercero en el orden.   100
Y llegaban los mensajes
tristes y demoledores:
de Zaragoza a Madrid
ni siquiera entre cascotes
un escuadrón continuaba   105
contra austriacas pretensiones.

La derrota era inminente.
La noticia, los cursores,
llevaban de que Felipe
cedía sin dilaciones.   110
Corría el año de Dios,
aciago así se conoce,
de mil setecientos seis;
las memorias lo recogen.
Murcia quedó sitiada   115
por el sur, el este, el norte.
Por el sur por Cartagena,
que rindió a anglosajones
sus armas, ciudad y puerto
y entregaron pabellones.   120
Por el este era Orihuela
plagada ya de uniformes
de aliados preparados
para gastar municiones
contra Murcia capital   125
y rendirla a sus dragones.
Se anunciaba la batalla
con la entrada a empellones
por Monteagudo, la huerta,
por el campo y por el monte   130
del ejército cruento,
dando así tribulaciones
a los escasos murcianos
que a la llamada de ¡formen!

cogieron armas y enseres 135
y se formaron en orden
para plantarle batalla
a anglicanos y hugonotes
y a los cristianos austriacos
y portugueses traidores. 140
Cuentan crónicas que un día
de ese agosto de calores,
el pueblo vaticinaba
los sus peores temores
y a un mes de aquella ofensiva 145
que celebramos con goce,
una criada limpiaba
en ca de Francisco López,
donde se hallaba en imagen
la Virgen de los Dolores, 150
junto a su Niño que es Dios,
Padre de todos los hombres.
Advirtió con gran asombro
la criada —que en oraciones
se deshacía ante el hecho—, 155
que de la imagen sudores
y lágrimas mil brotaban.
¡Milagro, Milagro! ¡Oren
porque la Virgen envía
llantos esperanzadores! 160
¡Milagro, Milagro! ¡Lleguen
al lugar los pecadores!

Al siguiente día tropas
de Felipe alrededores
de la casa del milagro   165
como campamento cogen,
(por recuperar aliento
que perdieron tras el choque
sangriento que hubo sufrido
cabe Monteagudo), donde   170
fueron testigos del hecho
milagroso que recoge
este romance y los libros
para que el pueblo se asombre.
Pronto llegó a aquel lugar,   175
alertado llegó el prócer,
el Capitán Luis Belluga,
y emitió valoraciones
de legítimo al milagro,
pidiendo que desde entonces   180
la Virgen y el Hijo, juntos
en una ermita reposen.
Hasta que el Cabildo admite
más tarde que se coloquen
en la Catedral de Murcia   185
custodiada por priores
de san Andrés en capilla
para honrarlas con loores
y engalanarlas con velas
y ricas y hermosas flores,   190

pues sus lágrimas trataban
de María peticiones
a su Hijo para que así
ayudase a las facciones
que guardaban la ciudad,   195
murallas y torreones.
Y llegó el mes del membrillo
y milicias, guarniciones
apostaron en la plaza
Santa Catalina: enormes   200
trincheras y terraplenes,
para impedir invasiones.
En el contorno formaron,
artífices, murallones
por defender la ciudad,   205
con además instrucciones
de derribar por la huerta
los árboles de limones,
de naranjos, de membrillos,
de moras y albaricoques,   210
dificultando el avance
de los cuerpos opresores.
Y al amanecer del cuatro
de septiembre, las secciones
de ingenieros austracistas   215
con sus puentes de tablones
franqueaban las acequias
con sus más de seis mil hombres

y artilleros que a Espinardo
avanzó con intenciones   220
de apoderarse de Murcia
por fuerza de sus cañones.
Los murcianos, asentados
en espera de este choque
en la puerta de Castilla,   225
y defendiendo los bordes
de la huerta en San Basilio
y otros barrios que conocen,
rezaban lo que sabían
a todas sus devociones.   230
Cuatrocientos militares
con armas y percherones
decidieron pertrechar
la residencia de Fontes,
y se situaron valientes   235
esperando los horrores
que les venían encima
con los sucesos atroces.
(Este lugar bautizado
quedó desde aquel entonces   240
como el Huerto de las Bombas
para así se rememore).
Pero, pensó Luis Belluga,
los árboles no son tope
para parar su embestida   245
así que abriremos, ¡obren!,

tablachos de las acequias
que inunden la huerta al borde
de convertirla en un mar,
en un océano azogue   250
que a los soldados asuste
y a sus caballos ahogue.
El lodo impidiendo que
los jinetes maniobren,
hizo que las tropas, rotas,   255
del archiduque, veloces
hostilizaran con fuego
de artillería feroces.
Los soldados en el Huerto
de las Bombas no se encogen,   260
apuntando al enemigo
con arrojo le responden,
abriendo fuego sin tregua
porque a los austrias destroce,
causándoles grandes bajas   265
al mando de Arias Ozores.
Hicieron fuego incesante,
contando que agricultores
y huertanos disparaban
desde casas y mansiones.   270
El ejército aliado
no tiene ya más bemoles
que batirse en retirada,
dando a tiempos posteriores

cientos de sus muertos para   275
que en Espinardo reposen.
Y los de Felipe Quinto
tras restaurar sus valores,
recuperan Cartagena
con fuerza de mil tritones,   280
a cuyo nombre Batalla
del Albujón fiel responde.
Reconquistan Orihuela,
hechos estos forjadores
de que unos meses después   285
en Almansa, triunfadores,
dieran fin a aquesta Guerra
de Sucesión con honores.
El Cabildo de septiembre
el cuatro dictó con sones   290
ser Santa Rosa Viterbo
festivo por los rincones
de toda nuestra Región,
con misas y procesiones.
Y el rey Felipe en su gracia   295
decretó: "Que Murcia adorne
con su séptima corona
los castillos y leones
de su escudo grana y oro
para siglos posteriores."   300
Y en mil setecientos trece
y al siguiente, que es catorce,

se firma la paz de Utrech
en mesa de fino roble
con buen papel holandés,   305
dando tregua a las naciones.

Y aquí termina el romance
que con gracia y alboroque
les ha cantado este ciego
que aunque no ve, muy bien oye   310
tintinear los bolsillos
empachados de doblones
y ducados empanados
con oro brillante y cobre,
que han rellenado la panza   315
de sus bolsos gargantones,
y bien esté que vomiten
para evitar sus ardores,
por la calle, por la plaza
y desde aquellos balcones.   320
Y perdón si algún error
ha cometido este zote
y por este menester
ofende oídos doctores.
Así ruego me regalen   325
un buen aplauso que me honre
a los que han gustado oírme
y callen los que se oponen
a esta verídica hazaña

que a Murcia le dio renombre   330

y fue siglos celebrada

por todos los españoles,

pues se grabó en muchos libros

con letras de plata y bronce

encuadernados con tapas   335

de piel de carnero joven.

Doy gracias a sus mercedes.

A sus pies, senado noble.

FIN.

eTEATRO
Colección ebook de textos teatrales

GRAN FORMATO
Recopilaciones de textos

eTEATRO
Literatura infantil digital

www.naque●●e